*Ex Libris*

# GLÜCKSTAGEBUCH

Laura Stoddart

COPPENRATH

Von Laura Stoddart sind im
Coppenrath Verlag bereits erschienen:

GlücksTräume – Von Gärten & Gästen, vom Leben & Wohnen
ISBN 3-8157-2480-5

ReiseTräume – Vom Reisen & Rasten, vom Aufbrechen & Ankommen
ISBN 3-8157-2755-3

Mein Tagebuch – Wege & Ziele
ISBN 3-8157-3453-3

ISBN 3-8157-3049-X



Die Originalausgabe erschien 2003 unter dem Titel
„A Gardener's Day Book"
bei Orion Publishing Group Ltd, London



Published in association with
Orion Publishing Group Ltd, London

Printed in Italy
www.coppenrath.de

Januar
Februar
März
April
Mai
Juni
Juli
August
September
Oktober
November
Dezember

Blumen sind die schönen Worte und Hieroglyphen der Natur,
mit denen sie uns andeutet, wie lieb sie uns hat.

Johann Wolfgang von Goethe

Wer ein Herz für Schönheit hat,
findet Schönheit überall.

Gustav Freytag

Können wir nicht so viele Blumen mit verständiger und sorglicher Hand in unser Leben hineinpflanzen, dass einige immerdar blühen?

Ludwig Tieck

Beschneide du deinen Buchsbaum, wie du willst, und pflanze deine Blumen nach dir verständlichen Schattierungen, aber beurteile nicht den Garten der Natur nach deinem Blumengärtchen.

Georg Christoph Lichtenberg

Freude am Schauen und Begreifen ist die schönste Gabe der Natur.

Albert Einstein

Im Herbst sammelte ich alle meine Sorgen und vergrub sie in meinem Garten. Als der Frühling wiederkehrte – im April – um die Erde zu heiraten, da wuchsen in meinem Garten schöne Blumen.

Khalil Gibran

Gütige Herzen sind die Gärten.
Gütige Gedanken sind die Wurzeln.
Gütige Worte sind die Blüten.
Gütige Taten sind die Früchte.

Kirpal Singh

Blumen machen uns zu besseren, glücklicheren,
hilfreicheren Menschen;
sie sind Sonnenschein, Nahrung und Balsam für die Seele.

Luther Burbank

Betrachte jeden Baum und merke,
auf jedem Baum ist jedes Blatt
ein Blatt von einem Buch, darin der Herr der Stärke
die Schöpfung aufgezeichnet hat.

Saadî

Unser Glück liegt nicht in den Dingen, sondern in deren Bewertung durch uns; und der Besitz dessen, was wir lieben, macht glücklich, nicht dessen, was andere liebenswert finden.

François de La Rochefoucauld

Unser Leben blühte reicher, säten wir mehr Liebe aus.

Franz von Sales

Zu hegen und zu pflegen sei bereit,
das Wachsen überlass der Zeit.

Deutscher Sinnspruch

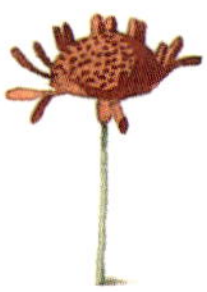

Wer in Gefahr ist, Pessimist zu werden, soll eine Rose betrachten.

Jean Rostand

Der Seele Frohsinn hängt nicht ab
von Rosen und von Grün –
dort, wo ein Herz sich aufgetan,
ist Garten voller Blühn!

Aus Persien

Gefühl von Grenze darf nicht heißen:
Hier bist du zu Ende, sondern:
Hier hast du noch zu wachsen.

Emil Gött

Wer will denn alles gleich ergründen!
Sobald der Schnee schmilzt,
wird sich 's finden.

Johann Wolfgang von Goethe

Wenn du vergnügt sein willst, umgib dich mit Freunden.
Wenn du aber glücklich sein willst, umgib dich mit Blumen.

Chinesisches Sprichwort

Eine Welt in einem Sandkorn zu sehen und
einen Himmel in einer Wildblume,
die Unendlichkeit in einer Hand zu halten
und die Ewigkeit in einer Stunde.

William Blake

Nichts ist für mich mehr Abbild der Welt und des Lebens als der Baum. Vor ihm würde ich täglich nachdenken, vor ihm und über ihn …

Christian Morgenstern

Wenn wir jeden Tag eine Blume auf den Weg unserer Mitmenschen streuten, so wären die Straßen der Erde voller Freuden!

Sprichwort aus England

Lasst uns dankbar sein gegenüber Menschen, die uns glücklich machen. Sie sind liebenswerte Gärtner, die unsere Seele zum Blühen bringen.

Marcel Proust

Ich hielt mich so lange auf dem Weg zur Natur, bis sie mir den Weg zum Glück zeigte. Es hat sich erwiesen, dass er ein und derselbe war.

Jean-Jacques Rousseau

Luft und Bewegung sind die eigentlichen geheimen Sanitätsräte.

Theodor Fontane

Birne

Aprikose

Kirsche

Apfel

Pflaume

Pfirsich

Man muss in seinem Garten einen verbotenen Baum haben. Man muss in seinem Leben etwas haben, das man nicht berühren darf. Das ist das Geheimnis, wie man auf immer jung und glücklich bleibt.

Gilbert Keith Chesterton

Ein bisschen Liebe kann wie ein Tropfen Wasser sein,
der einer Blume die Kraft gibt, sich wieder aufzurichten.

Phil Bosmans

Dem Freudigen erwächst Heiterkeit.
Dem im Geist Heiteren kommt der Körper zur Ruhe.
Der im Körper Ruhige fühlt Glückseligkeit.
Dem Glückseligen ordnet sich das Denken.

Gautama Buddha

Je größer aber ein Mensch ist, desto mehr neigt er dazu, vor einer Blume niederzuknien.

Gilbert Keith Chesterton

Die Natur ist doch das einzige Buch, das auf allen Blättern großen Gehalt bietet.

Johann Wolfgang von Goethe

Bäume sind Gedichte, die die Erde
in den Himmel schreibt.

Khalil Gibran

Die Beschäftigung mit Erde und Pflanzen kann der Seele eine ähnliche Entlastung und Ruhe geben wie die Meditation.

Hermann Hesse

Nur der Einsame findet den Wald;
wo ihn mehrere suchen, da flieht er
und nur die Bäume bleiben zurück.

Peter Rosegger

Liebe ist das große Amulett, das diese Welt
in einen Garten verwandelt.

Robert Louis Stevenson

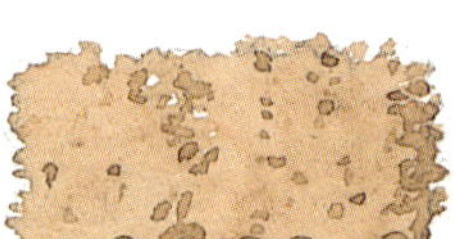

Du bist deine eigene Grenze, erhebe dich darüber.

Hafiz

Man kann einen seligen, seligsten Tag haben ohne etwas anderes dann zu gebrauchen als blauen Himmel und grüne Erde.

Jean Paul

Die Folianten vergilben, der Städte gelehrter Glanz erbleicht, aber das Buch der Natur erhält jedes Jahr eine neue Auflage.

Hans Christian Andersen